AF441784

Алья и Исам

Стихотворение

Чтобы посмотреть театральную пьесу :
Алья и Исам

Пожалуйста, используйте QR-код.

Доктор Султан бин Мухаммад аль-Касими

Алья и Исам

Стихотворение

Поэт: Кайсар аль-Маалуф

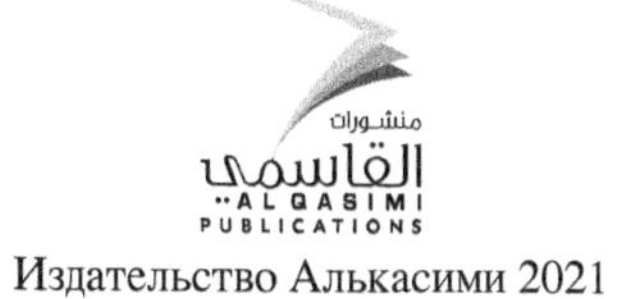

Издательство Алькасими 2021

Алья и Исам
Доктор Султан бин Мухаммад аль-Касими
Первое русское издание, 2021
Все права охраняются законом
Издательство аль-Касими
Шарджа, ОАЭ

Перевод: Доктор Асим Альхалифа
Редакция: Куряев Юсеф Гаязович

Разрешение на печать: Национальный Совет по СМИ, Абу Даби, ОАЭ
Номер: MC-03-01-8762760, Дата: 15-07-2021

Шарджа, ОАЭ
Возрастная классификация: E
Возрастная группа, совпадающей с содержанием
книги, квалифицированной с возрастной классификацией,
изданной Национальный Совет по СМИ
ISBN: 978-9948-469-41-4

Публикация Аль-Касими
п/я: 64009 Шарджа, ОАЭ
тел: +971 6 509 0000 факс: +971 6 552 00 70
ЭП: info@aqp.ae

СОДЕРЖАНИЕ

Театральные Персонажи

- Рассказчик
- Всадники арабского племени Рола
- Алья
- Исам
- Мать Исама
- Две группы всадников
- Отец Альи (покойник)

Место

Племя Рола в пустыне между Хамой и аш-Шамом

Первая Сцена

Пустыня, где нет ничего, кроме бедуинского шатра черного цвета, недалеко от публики, где расположены дома арабского племени Рола.

Пока рассказчик рассказывает историю Альи и Исама, соплеменники проезжают перед шатром на своих конях.

Потом проходят Алья и Исам, в юном возрасте, и гонят на пастбище овец.

Рассказчик:

Рола - арабы, их дворцы - шатры

А их жилище - Хама и аш-Шам

Воины всегда ищут пропитание

Верхом на конях, непобедимые

Их страсть - преследовать врага

Их гордость – копья и стрелы

Когда их мужчины едут сражаться

Среди них нет слабого героя

Из всадников остаётся только

Младенцы-сироты и отлученный от груди ребенок

Алья была одной из сирот

А Исам был от груди отлученным даровитым

Оба росли пастухами

Как из арабов растет любой мальчуган

Вторая Сцена

Из-за шатра выходит покрытая Алья. Ее за руку держит возмужавший Исам. Они направляются в переднюю часть.

Рассказчик:

Он и она держатся рука за руку

А любовь их сердца связала

И когда Алья стала девушкой

Ей подходит вуаль и покрытие

Исам достиг зрелого возраста

Он стал способен носить меч и щит.

Однажды мать позвала его и сказала:

О Исам, о мой меч!

И тут Алья убегает.

В это время из шатра выходит мать Исама, неся щит и меч.

Мать:

Сынок, теперь ты стал благоразумным

Которому могучая армия радуется

Отомсти за отца, найди убийцу

Иначе, благородные арабы тебя упрекнут.

Исам:

Разве моего отца убили?

Неужели доблестного героя убивают

По праву аль-Мустафы жизнь не будет мне сладкой

Если будут живы наши злые враги

Назови мне врагов сейчас же

Для терпения нет места в моем сердце

Мать:

Отец Альи, он и есть противник, о мой сын, поднимись же

А это - твой щит и твой меч.

Рассказчик:

Исам коня развязал быстрее

И он поскакал, и его слезы как из облаков
льются

В одиночестве был отец возлюбленной

Верхом на коне, ослабшем от покоя.

По одну сторону шатра произошел поединок.

Рассказчик:

Там-то встретились два соперника

Пыль собралась над их головами

Удары мечом Исам отправлял друг за другом

И сломались кости его врага.

К матери он вернулся жизнерадостным.

Исам сказал матери:

Радуйся, о мать, дело уже предрешено.

К Исаму бежит мать.

Исам:

Радуйся, о мать, дело уже предрешено.

*Алья сидит у тела своего отца. Затем Алья
бежит к Исаму.*

Третья Сцена

Рассказчик:

В то время, когда мать с сыном ликовали,

У Альи от ударов из уст кровь сочилась.

Она закричала:

О Исам!

Мать Исама побежала в палатку.

Алья:

О Исам, убит мой отец.

Отомсти за меня, о доблестный!

Кто мне в моих невзгодах кроме тебя поможет,

Когда зло и беда воцарились?!

Исам:

Радуйся, о Алья, ведь я

Все обещания в жизни исполняю.

Ты увидишь его убийцу мертвым.

Рассказчик:

И он замолчал, не закончив слово.

И тут же вонзил меч в свою утробу.

И упал он замертво, и только рана гласит.

Когда увидела Алья Исама

Убитым, кровью орошая землю,

С его груди сняла она меч.

И она сказала:

Не умирай раньше меня.

Я отомщу твоему противнику, мой возлюбленный

Эта клятва уже дана.

Рассказчик:

И она вонзила меч себе в утробу

И сказала: Мир всему свету и тем, кто в нем!

www.ingramcontent.com/pod-product-compliance
Lightning Source LLC
Chambersburg PA
CBHW070740160726
48003CB00006BA/2575